ROXANA MÉNDEZ

INFINITESIMAL

Editorial Posidonia • 2026

Infinitesimal ha obtenido el Premio Mallorca de poesía en castellano 2025, convocado por el Consell de Mallorca y otorgado por el jurado formado por Elvira Sastre Sanz (presidenta), Román Piña Valls, María Frisuelos Jiménez, Sergio Carrión Olmo y Ben Clark.

Consell de Mallorca

Infinitesimal

© Del texto: Roxana Méndez
© De esta edición: Editorial Posidonia, 2026
www.editorialposidonia.com

Impreso en España. Los papeles que usamos
son ecológicos, libres de cloro y proceden de
bosques gestionados de manera eficiente.

Primera edición: abril, 2026
ISBN: 979-13-991327-3-1
Depósito legal: V-1337-2026

INFINITESIMAL

ROXANA MÉNDEZ

EDITORIAL
POSIDONIA

ÍNDICE

Precipicio

No sentía mis pies. Quise cogerlos en mi mano,
no hallé mis manos;
quise gritar, y no hallé mi voz.
La niebla me envolvía.

Luis Cernuda

Movimiento

No pasa el tiempo, sucede el destino.
La tormenta inunda las calles
y no encuentra salida.
El fango crece como una inflamación,
trepa por las paredes
como vértigo convertido en musgo.
Recordamos entonces nuestra fragilidad
y creemos oír en el retumbo
una invocación.
El invierno florece en los salones
y en las macetas del patio.
Árboles de agua se levantan
sobre muros derruidos,
flores transparentes
llenan las colinas alrededor de la ciudad.
La iglesia se convierte en un arrecife
y en su penumbra esperamos
que el agua retroceda
mientras musitamos una oración
para invocar el fuego.
Pero nada sucede.

La antigua fe se arrastra por las marismas
igual que una medusa.

Luz mínima

Sueño que la carretera entra por la puerta.
No significa nada. Dos lechuzas
duermen en el tejado. Lluvia lenta
que no llega hasta el suelo,
árboles rojos, cerros rojos, volcanes
que son de magma y furia
y solo saben embestir. Puentes colgantes
que no cuelgan de nada
y flotan sobre el agua de un río congelado,
una vena blanca que hierve
y emana niebla, un toro gris
enorme que se mueve con lentitud
sobre las colinas destrozadas por su pezuña.
Sueño que me despierto
y doy un significado a lo que sueño.
Y vuelvo a despertar.
La madrugada llena de flores muertas,
de sonido de aves, de susurros
que surgen de mí misma. Oscuridad
que me rodea y abraza
como una madre monumental,

ruido de lo que se despierta, y me pregunto
si el mar podrá dormir alguna vez
o no posee descanso, igual que una condena.
Hay tanto que no sé.
Mi boca sabe a trigo que madura.
Ojos abiertos, la luz se cuela de algún modo
y se levanta el día.
Recuerdo los sueños como la gota de lluvia
recuerda el vértigo al caer.
En la oscuridad siempre estoy sola,
como el patio de una escuela en diciembre,
el día de víspera de Navidad,
donde cualquier ruido es un eco
y todo movimiento, una memoria.
Grifos abiertos por todos los salones de casa.
Luz mínima se arrastra por el suelo.

Día temible

Al despertar, los algodonales estaban secos.
Lo blanco se había vuelto verde.
Y lo verde, amarillo. Y lo amarillo, gris.
Mis hermanas y yo cantamos en silencio
la canción de todas las cosas tristes,
y el arroyo se secó en nuestras voces,
y alrededor de nuestros ojos creció el trigo,
y sobre nuestras cabezas se humedeció la luna
y cayó vuelta una lágrima
que se hundió en la ciénaga cercana.
Todas tuvimos el mismo sueño esa noche.
Todas soñamos con el vuelo del búho
y el sonido de las ruedas de la carreta en el polvo.
Y todas observamos sobre los techos
de las casas vecinas una aurora de fuego blanco.
Y nos persignamos antes de despertar.
Y ya en la mañana, el algodón estaba seco,
y seca la miel en su tarro de miel,
y seco y duro el pan.
Nuestra madre nos reunió
para contarnos sobre la muerte.

Y la muerte era nuestro abuelo,
que yacía tendido en su cama de roble.
Su cabeza era el sol que faltaba en el cielo.
Su frente tibia imitaba una marisma.
Sus párpados, las velas de unos barcos iguales
alejándose a través de un estrecho.
El aire olía a muchos almíbares distintos.
La abuela era un llanto petrificado y puesto de pie.
Sus manos eran tormentas
que no podían dejar de disiparse.
Algo en su voz era hermoso y enorme
como una estepa con caballos.
Al tocar a mi abuelo entendí los días de la tierra.
Le llamé muchas veces por última vez,
pero no hubo regreso para nosotros juntos.
Ningún viento del este podía despertarlo.

Canción

Mi manera de ver los arces
cambia de septiembre a diciembre,
hay otra compasión,
otra manera de entender el paisaje,
la curva de las colinas,
la altura de la hierba,
y cómo los campos de maíz o de trigo
se vuelven oleaje y creen avanzar.
También sostengo tazas de distinta manera.
Y el graznido del cuervo,
que en verano me aterra,
entonces me parece un himno viejo
que se atreven a cantar los que vuelven.
Pero ¿quiénes vuelven entonces?
¿Quiénes, al atardecer,
asoman la cabeza detrás de cada arbusto,
librera, tronco o automóvil?
Sombra del agua. Hojas adultas
demasiado cansadas para caer.
Cuando el ojo del búho
no mancha de amarillo lo que observa,

y el colmillo blanco de la zarigüeya
parece un amuleto.
Con el hocico lleno de niebla,
come el ciervo pequeñas hojas blancas.
Y lo observo. Y nos observamos.
Y ambos presentimos las débiles
siluetas vagar
bajo la nueva luna tibia.

Conjuros

Una mañana entré a una biblioteca
para leer un libro de 1610.

Su autor era un fantasma; su título,
una maldición que no mencionaré más,
pues ya la he dicho demasiadas veces
por demasiado tiempo.

Y ya que se han secado los frutos del manzano,
y ya que se han echado a perder las cosechas
de trigo y algodón y frijoles rojos,
mejor voy a callarme.

Ninguna rima puede decirse a la ligera.
Ninguna promesa de oscuridad
puede cantarse como un villancico.

La madrugada es una cosa seria,
y más lo es el crepúsculo de la tarde,
y peor si es un día de solsticio de invierno.

No voy a cerrar los ojos, pero no miraré
lo que entre los arbustos habita.

No voy a cerrar la puerta bajo tres candados,
pero no pienso salir al patio
en toda la noche.

Gorriones

Veinte gorriones muertos en la pileta.
Me pregunto si son una advertencia del invierno
lanzada en mitad de la primavera,
en el principio de este año que está siendo una cicatriz.
Flotan como petróleo en gotas sobre el agua.
Me sorprende el bullicio de lo que se despierta
y luego pasa de largo, sin detenerse para observar
a las pequeñas aves como palabras húmedas
en una interminable carta de despedida.
Aunque avance de puntillas sobre la hierba,
dejo huellas de pies inflamados,
y quien pueda leerlas sabrá lo que sucede.

Nosotras

La silueta cae sobre el árbol de Navidad
como miles de mariposas sobre un arbusto.

Manos que se mueven retrocediendo.
Pies breves que se arrastran por el salón.

El grifo se abre sobre las ollas sucias.

De espaldas, la veo desplazarse.
Anda del patio a la cocina, sube las escaleras,
y vuelve y habla con no sé quiénes.

Noventa años y nada cambia.
Es muchas y una sola. Es todas juntas.

Me cuenta sobre el mar atrapado en una postal
y gaviotas aún felices en el cielo sin fecha.
Imágenes rotas sobre la cama.

Y ella dos veces, y ella tres veces,
abriendo las ventanas que dan hacia la calle,

hacia el patio, hacia las montañas nevadas
que imagina, que imagino,
que imaginamos juntas, sin saberlo.

Transparencias

Podrías acercarte, estirar la mano,
tocar el aire,
tocar el cielo descendido,

o podrías simplemente pararte
sobre las puntas de los pies
para tocar la cola de la nube
manchada de penumbra,
de agua domada por el sol
y levantada en forma de gas,
hechizo puro.

Podrías lanzar migajas de luz
a la gaviota tímida
que quiere bajar, pero no baja,
o baja derrumbándose
como el aire embrujado
que seca las hojas del almendro
para luego hacerlas caer.

O podrías acercarte
quizás al borde de la cama,
y asomar la cabeza,

mirar el mar el cuerpo la marisma
tendida sobre las impasibles
piedras prehistóricas
donde anida la espuma
que se deshace en mariposas momentáneas
que saltan, flotan y desaparecen
imitando un lenguaje, sí

podrías acercarte, mirar,
cerrar los ojos,
y luego dejar salir una palabra y otra,
el aliento que flotará tocándome,
atravesándome

y seguirá su curso siempre hacia arriba,
hasta llegar a formar parte
de un único tejido transparente,
una memoria inmensa
que llamamos olvido.

Dos limones

Flores rojas en el centro del patio.
Limones como gotas de un extraño ámbar verde.

Libélulas suspendidas en el aire
igual que luces vistas a la distancia
sobre un puente que une dos occidentes
en un solo trayecto.

Imágenes que no serán memoria,
y que recojo y desecho
en un solo movimiento.

Balas que rompen el aire
y caen al fango, sin tocar nada más.
Caminos que cesan de repente en el hielo
y no llegan a nadie.

Se ha secado el tulipán rojo
antes de que pudiera verlo,
su belleza desapercibida
ha sido un gesto inútil, una sombra

en la superficie del agua,
pero jamás un pez,
jamás un mínimo nenúfar.

La fogata encendida ayer no es importante.
No cocerá el pan de centeno
la madera consumida hace un siglo,
ni el horno apagado un instante atrás.

El aire ha bajado de las montañas
lleno de provisiones.
La bulliciosa casa se ha cerrado.

Dos limones se pudren
en el centro del patio.

Nada

Demasiado silencio es semejante
a demasiada perfección:
es imposible soportarlo.

¿Quién podría disfrutar
de un banquete tres veces al día
a lo largo de todo un año?

Rodarían antes las manzanas sobre la mesa.
La mantequilla se volvería agria.

¿Y quién podría vivir en medio
de una nube de mariposas?
Nadie soportaría el temblor perenne de las alas,
ni siquiera soportaríamos la belleza.

A veces somos débiles,
aunque solo lo recordamos
en ciertas ocasiones,
cuando las puertas se cierran tras nosotros,

y rostros sonrientes nos dicen
que es el final, pero que todo estará bien.
Pero nada está bien.
La silueta permanece vacía.

Montaña abajo

El sendero por donde bajo
atraviesa un campo de abetos.
Es tarde, otro viento ha llegado del este.
Adulto, frío, más robusto.
Aparece una ardilla.
Un ciervo corre en la pradera lejana.
El pequeño canto de las aves me habla de lo genuino.
Estoy aquí, dije.
Estoy sola, insistí.
El arroyo me respondió.
El aroma de los pinos también me respondió.
La luz me habló a través de su lenguaje más antiguo.
Un astro apareció en el oriente.
Me tendí sobre la hierba
y la nieve empezó a caer sobre mí
como una bendición repentina.
Y me reveló cosas sin importancia.
Y la plenitud me acogió
como el viejo universo acoge los nuevos mundos.
Y la luz fue la sombra.
Y la sombra fue luz insospechada.

Me bebí una tormenta de nieve
y mi cabello fue el norte del mundo.
Y el norte del mundo fue la última hebra
                              de mi cabello.
Y al levantarme caminé a la vez
hacia todas las lejanías
y supe que yo misma estaba hecha
de aquello que buscaba.
Y así seguí montaña abajo como el arroyo,
como la brisa que roza las hojas rojas de los pinos
y las breves marismas.

El abuelo

Cuando huíamos de la ciudad en llamas
y en el primer camino del campo volví la vista atrás,
dije: «que la hierba cubra nuestras huellas,
que el fuego acalle el clamor de los profetas,
que los muertos cuenten a los muertos lo que sucedió».

Czeslaw Milosz

I

Cuando arranca el motor sus manos tiemblan,
pero él cree que es el mundo
el que estaba temblando.
Lo han obligado a irse, es la guerra
y tiene sesenta años, una esposa, una hija,
dos nietas, un campo de algodón,
y enormes tierras con maíz,
pero ya no pueden quedarse.
Apenas avanza y lo que ha sido se queda atrás.
Es otro quien conduce.
Ni siquiera puede distinguir el camino
y no le dice nada el color del cielo,
pues ya no verá el cielo nunca más,
no volverá a alzar la vista buscando un horizonte,
no observará llegar una tormenta,
ni se guiará por el aroma salvaje en el aire,
no seguirá al zorro ni al venado hasta una guarida,
no volverá a pisar el bosque ni el volcán,
lo han obligado a irse,
obligado a dejar sus tierras negras,
la tierra de sus padres y madres,

la tierra de la serpiente cuya cola es un cascabel
que hace dormir a quien lo escucha.
No verá levantarse la blancura del algodón
ni se despertará con el grito del búho.
El fuego ya no le dirá nada.
El que se marcha es alguien que no conoce.
Un nombre nuevo brilla y se apaga
en sus labios sin hambre,
pues no volverá a tener hambre,
y vivirá nueve años más sin enterarse
de dónde viene el viento
y hacia dónde se marcha la tormenta.

II

El hombre llega a la ciudad.
Se mete en una casa
y busca el patio,
y hay tierra en el patio,
pero no es la misma tierra.
La extensión no existe.
El horizonte no existe.
Hay un único árbol,
casi un arbusto que da frutos
cuando le da la gana,
no sigue ningún ciclo,
no se alinea con el resto del bosque.
No es bosque, es un solo árbol
en el centro de un patio,
una abertura entre las casas adosadas,
muros de ladrillo alrededor,
altos, más altos que él,
y ni siquiera puede asomarse,
pero no le interesa.
La primera noche sueña con sus campos:
el algodón florece

como el corazón blanco
de un gigante tendido.

III

Una madrugada
el hombre camina en la oscuridad.
Ve un cuervo.
No sabe que es un cuervo
y cree que es un ángel maligno.

IV

El hombre sale al patio y escarba,
hace un hoyo
y otro hoyo.
Está buscando vida.
Está buscando vida y no lo sabe.
La menor de sus nietas le pregunta
qué hace allí tan temprano,
el hombre miente,
le cuenta de un tesoro.
Sobre ellos planea una gaviota.
No la observan ninguno de los dos.
El hombre sigue.
Escarba con las manos,
con una pala,
y pasa así todo el día.
Sale al patio su esposa, su hija,
su otra nieta,
pero no se detiene.
Y cuando se detiene
es de noche otra vez.
La tierra es la misma,

y tiene las manos llenas de tierra
y lo sabe.
La tierra es la misma,
pero no es un consuelo.

V

El hombre está en la playa con sus nietas.
Las ve correr por la marisma.
Las observa coger unos cangrejos.
Y el hombre piensa en su extraña vida,
y observa un barco.
Un faro.
Cree mirar el contorno de una ballena.
Poco después, encuentran un reloj.
Es antiguo. Inservible,
pero sus nietas están emocionadas
y sus palabras enormes imitan
el parloteo de las gaviotas.
Las olas también parecen decir algo.
En ese instante no importa mucho lo perdido,
los campos de maíz, los árboles, la casa.
Importan sus niñas, las dos,
y el cielo gris y la arena doblemente gris,
y el reloj encontrado en la arena.
El faro lanzó entonces su primera luz
a la inmensidad espumosa,
y el hombre esbozó una sonrisa,

la primera
luego de muchos meses.
Entonó una canción
y sus nietas imitaron su voz
hasta que se durmieron.

VI

El hombre dijo: «La luna es el fondo de un pozo,
al otro lado hay agua,
aguas oscuras, aguas transparentes».
Dos rostros lo miraron
desde la oscuridad.
Cuatro enormes pepitas
en la mina de oro.

VII

Una mañana,
el hombre escucha un caballo,
los cascos de metal en la calle,
la calle negra como una sombra de paloma,
sale a la calle,
y no ve más que niebla, niebla sin lluvia,
sin frío, con abejas dentro
revoloteando alrededor de una farola,
y el hombre entra en la casa,
pero sigue escuchando,
sigue oyendo los pasos lentos de un caballo,
el bufido,
los cascos duros como semillas secas
estrellándose contra piedras volcánicas,
las crines
arrastrando
sombras leves de niño adormecido,
hojas del tamaño de manos,
manos del tamaño
de la garra del cuervo.

Y el hombre sigue escuchando
y se oscurece y piensa en su madre,
en su padre, en la vela encendida,
y ya no sabe el tiempo en que transcurre,
no sabe si es el mediodía o la mañana,
si el nacimiento
o la muerte.

VIII

El hombre tose, pero no escupe hormigas,
no escupe pequeños coleópteros,
no escupe nada,
no recuerda nada.
Habla imitando al bosque que conoce,
al arroyo que choca siempre contra las piedras
verdes
o vuelve a toser llevando el ritmo de las pezuñas
que hacen temblar el polvo blanco
del camino que semeja una muda de serpiente,
y lo que ve ya no lo observa nadie más,
y aquellos con quienes habla
pueden hablar solo con él.
Se irá a dormir pensando en sus campos de
algodón,
en sus perros,
en la luz tenue que atraviesa las hojas,
en la vaca enorme como un carromato,
en la colina y en la hierba, y se dormirá pensando
en la casa
cuyo salón acogía los bailes de Navidad

y en cuyo patio florecía la albahaca y el romero
                              y la menta,
se dormirá pensando en el olor del pan,
en el horno de barro, en la lluvia tremenda de
                              julio,
en las carretas cargadas con sacos de maíz,
y en la blancura de algo que no recuerda,
y en sus árboles enormes repletos de mangos
                              maduros,
se irá a dormir mientras anda
por sus caminos de tierra leve bajo el sol,
y todo será leve,
y verá crecer la mariposa sobre el arbusto,
y en sus pequeñas alas amarillas
verá el cielo de su niñez,
al amparo de los volcanes,
y ya sin dolor,
cerrará los ojos por segunda vez esa noche más
                              larga,
y caerá en el sueño
que no retorna nunca.

Infinitesimal

Tomo, pues, mi lugar entre los vivos,
como quien deja que lo lleven,
candidata al azar de la mañana
pero citada con los muertos.
EMILY DICKINSON

Caos

Es invierno, pero hay treinta grados
a la sombra del arbusto
que habita su mañana de otoño
en mitad de diciembre.
Se ha movido todo sin darse cuenta.
Flores rojas a mediados de enero,
lentas nubes de nieve al inicio de junio.
En el mes de las golondrinas
llegó la lechuza de ojos blancos.
En el día dorado de la gaviota,
apareció la libélula que no sabe encenderse.

Lo aprendido

Me han enseñado a no tomar nada de la casa
vecina,
a no asesinar a quien me hace daño,
a no intentar respirar bajo el agua.
Me han hecho creer que la sangre posee un color,
y que el color es bello, pero no la sangre.
Me han dado un nombre y obedezco a ese
nombre.
Me han convencido de que pertenezco a un país,
a un continente, a un trecho de tierra
bajo el cielo, y que el cielo no es mío ni de nadie,
y que debemos permanecer bajo un techo
cuando cae una tormenta, o junto al fuego
si la nieve nos busca y se acumula alrededor de
la casa.
Cuando vine, ya todo estaba establecido.
Si quería perseguir a los zorros en la colina,
me reprendían; si pretendía invocar una tormenta,
me llamaban imprudente y me hacían repetir
una oración

para ser perdonada, y luego me daban a leer un
largo libro
que hablaba de las mismas cosas
por las que había recibido mi reprimenda:
decir palabras que crearan el fuego, la tierra, los
coleópteros,
o que al mandato de una voz el mar se abriera
y dejara pasar a unos cuantos.
Y no entendía nada. Las flores seguían creciendo
en la colina
sin que nadie les diera un nombre, y sin duda
el pino rojo que veía desde mi ventana
no había necesitado a nadie que le dijera cómo
crecer,
o por qué quedarse quieto, o cuándo florecer
y cuándo dejar caer sus hojas largas.
Estoy convencida de que no sabe qué color es
el suyo
y no le importa ni un minuto
lo que digan los otros, aunque esos otros
sean una humanidad o varias de ellas.
Estoy cansada de llamar abeja a la abeja
o norte a lo que a veces es el sur y a veces es el este.
En esta circunferencia jamás prefiero el círculo.

El pasado

Los cuervos no existen en esta colina,
ni existe esa iglesia de madera.

No es real esa puerta
que he usado como trineo
para lanzarme colina abajo.
Ni siquiera es real el vértigo.

Y las cabezas de las vacas
que mastican restos de flores
tampoco existen, ni es real
el cuchillo furioso que está quieto
sobre el cuello del lechón blanco.

La vida continúa, pero tampoco existe.
Y me canso buscándola.

Si no hay colina,
¿por dónde bajará la nieve?

Si no hay jardín,
¿qué florecerá sin ser visto?

Escribo una carta que dejo bajo una piedra,
junto al arroyo, y repito una rima
para llamar al viento del oeste.

Palabras nuevas recreadas
con escritura antigua,
manzanas reconstruidas
convertidas en una gota de algo
que me llevo a la lengua.

Tormenta de noviembre

La inmensa tormenta tropical
no debería estar aquí.
No un día como hoy
cuando empieza noviembre
y la luz debería cambiar, aligerarse,
volverse del color
de la superficie del agua
en una pila bautismal.

Debería acercarme para decirle
que ya es tiempo de que vuelva a su sitio
bajo las olas grises,
en la oscuridad bajo todas las aguas
donde los continentes de hielo se destruyen
imitando a las cabras salvajes,
chocando unos con otros
sus robustas cabezas.

Las pascuas rojas esperan en el armario.
Los pinos de luminosa punta
aguardan en su caja,

arriba, en el desván,
junto a la nube viciada
que va dejando
su interminable discurso testimonial
sobre las avenidas
que bajan hacia el sur.

La inmensa tormenta tropical
no debería estar aquí,
pero no lo sabe,
y tendría que salir al tejado
para cantar la antigua canción,
la vieja rima
donde se menciona su nombre,
y obligarla a volver
al lugar de donde jamás debió salir,
y tenderse allí
sobre los verdes lomos
de las corrientes marinas,
como un navío
lleno de pescadores ahogados.

Lo importante

He visto crecer las hojas de albahaca sin notarlo.

El viento de octubre se ha levantado frente a mí
y he volteado la vista, sin darme cuenta.

Llevo una vida entera distraída.

No distingo en el ojo del ave una maldición,
ni en la lejanía una cicatriz.
Y en la madrugada, no presiento la niebla.

Camino por las avenidas
sin distinguir la curvatura del mundo,
y cuando miro atrás, hacia la inevitable multitud,
jamás puedo encontrarme.

Invasión

Las casas blancas entran en la arena.
No son nadadoras.
No visten trajes transparentes como las medusas.
No encallan. No se zambullen.
No imitan al león marino,
pues solo saben imitar al vestigio y al muelle.
Pisan la arena con pies definitivos.
Roban espacio.
Empujan la marisma.
La espuma retrocede al mirarlas
y huye como un animal frágil,
como la anguila tímida que teme al ballenero.
Y así, todo se altera.
Hasta las viejas islas se confunden.
La insaciable ciudad se moja la cabeza en el agua.
Hay arpones clavados en las nuevas aceras.

El visitante

Está sentado siempre en el patio
sobre una sombra que parece una piedra.
Y jamás me da el rostro.

A veces lo escucho cantar
una canción como un silbido sin palabras,
y todo él se vuelve un rumor.

Un aroma de fogata encendida llena el aire.
Sopla viento de este a oeste.
Y nada es natural.

Sé que sabe de mí como los chamanes saben
                              del bosque.
Como el búho sabe de la penumbra.

Cuando me canso de observar, vuelvo a la cama.
Por la mañana nunca está allí.
Por eso sé que la luz
es como un perro viejo que lo espanta.

No me provoca miedo.
Para mí es como mirar el vestigio de una ciudad,
o un rastro de ceniza.

Ninguno sabe por qué está donde está.
Ninguno sabe quién es el intruso.

Me gusta pensar
que quizá somos parientes
que se perdieron
como colinas en la niebla.

Candidatos

Ha venido un hombre
a dejarme una bolsa con provisiones.
No nos conocíamos,
pero mientras repetía su nombre,
me besaba las manos.

El sol de las once bajó a la ropa tendida
para secarla, y pensé:
«Esto es más importante».

El ladrido de los perros vecinos cayó al patio,
y el ruido del norte de la ciudad
se arrastró por el muro
y fue a mi encuentro.

Más tarde, ha venido una mujer
a bailar conmigo.
Le dije que no sabía bailar,
que estaba seca,
que mi alma se había secado,
que era como un antiguo campo de algodón,

que el algodón ya no crecía en esta tierra,
pero no le importó, tomó mi mano
y bailó conmigo.

Luego vino otro hombre
y me entregó una bolsa
más grande que la primera.
Nunca había probado los duraznos.
Nunca había comido el fruto de una higuera.

Por la noche otra mujer llamó a mi puerta
y me prometió muchas cosas
que no recuerdo, y me juró,
en nombre de su madre y sus hijos,
que no me fallaría nunca.

Me eché a dormir
pensando en todas estas visitas.
Y no supe si había sido un día bueno
o uno malo. O uno muy malo.
O uno muy bueno.

En la calle, los cláxones sonaban a toda hora,
y también los disparos,
también los gritos.

Las iglesias no dejan de anunciar
la segunda venida.

Inconsistencia

No tiene caso meter una mano en la sombra,
pues es imposible coger
un instante de niebla con la mano.

No importa lo mucho que apretemos,
al abrirla, nunca está allí.
Se escabulle como el día de lluvia
que evade los jardines.

No queda verde en la punta del pino muerto.

En las pequeñas flores rojas del cementerio
nadie quiere contemplar la belleza.

Civilización

En el patio encontraron una vasija.
Luego encontraron una especie de medallón
y un muñeco de oro.

Cuando escabaron más abajo,
hallaron un surco
y restos de sembradíos,
veinte mazorcas petrificadas,
hojas secas de huerto
y una redonda piedra de moler,
pesada y poderosa como una tormenta.

Sobre una ciudad,
otra ciudad.

Un pie sobre otro pie,
como una escalera de civilizaciones.

Sobre la tierra florecida,
otra tierra,
y en medio, aire,

una cápsula de tiempo imperecedero
y una gloriosa nada luminosa.

Casas abandonadas

Trescientas casas abandonadas,
una avenida en medio,
pequeñas calles,
ventanas saliendo de las paredes
y flores que resisten en las aceras.

Puertas aún de pie,
madera que no se olvida de sí misma
y permanece impidiendo el paso a los visitantes,
aunque nadie visita este lugar,
salvo las tormentas de junio
y los tejones,
o las ratas del color del desván,
o la escarcha sin ruido de noviembre.

Trescientas casas y un automóvil.
Y un local para fiestas.
Y una cancha de baloncesto y una piscina.
Y colinas alrededor.
Y una autopista a la izquierda,
un bosque a la derecha,

más allá del arroyo
que no conoce musgo.

El camino

Nadie hizo este camino,
aunque todos lo hicieron,
pero nadie dijo:
«Haremos un camino».

Ni se sabe quién empezó
y el último transeúnte
siempre es momentáneo.
Es nada que lo es todo.

El camino es amplio,
podría caminar un pueblo entero por allí,
o los habitantes de una región
que conecte varios países,
y aún podría extenderse un poco más,
seguir y dar una vuelta a la Tierra
y otra y las necesarias.

Dos ciudades unidas como por una cuerda.
Un millón de ciudades.
Doce de ellas.

¿Quién lleva la absurda cuenta
de lo que se une,
de lo que se separa?

El camino no deja atrás a nadie.
Solo sigue.
Es lo que sabe hacer.

Obsesionado con las huellas,
prefiere la cicatriz efímera del polvo
a la lisa perseverancia
de la piedra.

Confesión

Me dejo caer hacia dentro de mí
y escucho el mecanismo de lo recién creado,
el ruido mínimo de la creación primigenia,
y me uno a la inmensidad
donde estoy suspendida,
donde el planeta está suspendido,
me uno con lo infinitesimal, con el átomo
y la partícula, con la brizna de luz
y la pequeña oscuridad de mis manos juntas,
y te llamo como el pastor
que llama a su manada de ovejas,
y a nada temo
ni al ruido del goteo invisible del antibiótico,
ni al metal breve de la aguja
que se acomoda bajo la piel,
ni a la piel estirada.
Hace frío como en todos los hospitales,
pero cierro los ojos
y adentro hay un jardín.
Y es verano. Y algo florece alrededor.

El aire da frutos transparentes,
ruido de arroyos,
ruido de aleteos lentísimos,
frutos que maduran en un instante,
chimeneas sin humo,
olor de incienso por los pasillos
y vacas que tienen sueño.
Me tiendo en medio
y la brisa me acoge
como al grito de una que pide ayuda,
pero ya fue salvada.

EDITORIAL
POSIDONIA